... Là où Rien n'est écrit...

L'Amour écrit...

Lydia MONTIGNY

L'Amour écrit

... là où rien n'est écrit...

Mentions légales

© 2020 Lydia MONTIGNY

Éditeur : BoD-Books on Demand
12-14 rond-point des Champs-Élysées, 75008 Paris
Impression : Books on Demand, Norderstedt, Allemagne

ISBN : 978-2-3222-7295-2
Dépôt légal : Décembre 2020

Livres précédents (BoD)

* Dans le Vent (VII 2017)
* Ecrits en Amont (VIII 2017)
* Jeux de Mots (VIII 2017)
* Etoile de la Passion (VIII 2017)
* As de Cœur (XI 2017)
* Pensées Eparses et Parsemées (XI 2017)
* Le Sablier d'Or (XI 2017)
* Rêveries ou Vérités (I 2018)
* Couleurs de l'Infini (II 2018)
* Exquis Salmigondis (V 2018)
* Lettres Simples de l'être simple (VI 2018)
* A l'encre d'Or sur la Nuit (X 2018)
* A la Mer, à la Vie (XI 2018)
* Le Cœur en filigrane (XII 2018)
* Le Silence des Mots (III 2019)
* La Musique Mot à Mot (IV 2019)
* Les 5 éléments (V 2019)
* Univers et Poésies (VIII 2019)
* Les Petits Mots (X 2019)
* Au Jardin des Couleurs (XI 2019)
* 2020 (XII 2019)
* Nous... Les Autres (X 2020)
* Ombre de soie (III 2020)
* Les Jeux de l'Art (IV 2020)
* Harmonie (VI 2020)
* La source de l'Amour (VIII 2020)
* Au pays des clowns (X 2020)
* 365 (XI 2020)

Je suis là

Derrière toi
Comme l'ombre de tes pas,

Devant toi
Comme le paysage de ta voix,

Près de toi
Même si tu ne le sais pas...

Horizon d'Amour

Entre le ciel et la mer

Juste un coup de foudre

TENTATION

J'ai essayé
De résister,
De tout contrer
Les poings serrés,
Liés, noués,
Au temps volé,
Les yeux fermés
Pour oublier,
Pour m'insurger
Contre cette autorité

J'ai refusé
D'abandonner,
Et ma volonté
S'arc-boutait,
Se dressait
Tel un cheval révolté,
Me plongeait
Sans respirer,
Exigeant l'objet
Tant convoité

.../...

…/…

J'ai sacrifié
Cette liberté,
Ce plaidoyer
De douceur avouée,
Ma défense est tombée,
J'ai enfin succombé
A ta charmante réalité :
Sur cette feuille j'ai posé
Ces mots m'ayant tant tentée !

Dans la nudité du Silence

Il y a cette douce bienveillance

A la lueur de la confiance,

Comme un sentiment de transparence…

SUR LE BORD...

Sur le bord de la page
J'ai peint ton visage,
Un bouquet de paysages
Sur un doux coloriage

Sur le bord de la nuit
Un souvenir s'enfuit
Et mon rêve le suit
Pour m'approcher de lui

Sur le bord de ta bouche
Le soleil se couche
Et nos désirs farouches
S'enlacent et se touchent

.../...

…/…

Sur le bord de ton rivage
Tes yeux deviennent mirage
Et l'amour si sauvage
Sourit sous le feuillage…

Le vide attend sa proie

Dans le silence froid

Et dans le claquement de tes doigts

Il disparait dans son propre désarroi

LES COURBES DU VENT

Dans les courbes du vent
Danseront en élans élégants
Les forces s'émerveillant
D'un soleil si blanc

Dans la grâce d'un pas
Me menant jusqu'à toi
Le sol s'évaporera
Et l'océan naîtra

Dans la délicatesse
D'une sage promesse
Tes mots seront la caresse
D'une brise de tendresse…

Un arbre

a une mémoire,

une sensibilité,

une force...

et les saisons

sont ses émotions...

DIFFERENCE ?

Ta couleur dérange,
Ce qui était noble, devient étrange
Comme les mots d'une histoire
S'encrant de désespoir...

Elle se moque et tu pleures
Mais il pleut du bonheur
Là où s'ouvre ton cœur,
Ton rire lui fait peur...

Tu connais d'autres mots,
Des accents sentimentaux
Que les yeux disent tout haut,
Libres et égaux...

…/…

…/…

Ta couleur est une chance
Celle de l'intelligence
Et ton sang, fleuve d'indulgence
Ignore toutes les différences…

Hiver cristallin

Page blanche du silence

Message torride

Tu façonnes la Terre
En pensant à demain,
A l'aveu d'un Hier
Que tu as dans les mains,
Alors naîtra ce futur
Et une vie sans fêlure...

LE PETIT HOMME DE PAPIER

Un petit homme de papier
Se promenait dans l'été.
Parfois en boule ? il se mettait
Lorsqu'il était trop fatigué
Ou qu'il se sentait chiffonné.
Dans son errance il recherchait
L'encre qui lui écrirait
Un mot d'amour pour une fée.

Quand une averse est tombée
En un bateau, il s'est plié
Et sur l'eau, il a navigué
Jusqu'à la mer sans sombrer.
Sur la plage il a échoué
Tout détrempé, tout étalé.
Une mouette l'a attrapé
Et sur son nid, l'a fait sécher

.../...

…/…

Le petit bonhomme de papier
Avec le vent s'est envolé
Aux quatre vents du monde entier…
Si un jour vous le voyez
De votre plume, vous le consolerez
En dessinant d'une plume bleuté
Le tendre amour d'un été…

Signé : … « La Fée »….

Jour de tendresse

S'émerveillant de douceur

Mystère d'une rose

Le Printemps

…pour renaître à chaque instant…

L'Eté

… pour que ton rire soit ensoleillé…

L'Automne

… pour que tes pas tourbillonnent…

L'Hiver

… Blanc polaire pour te plaire…

Etoiler la mer

Pour qu'elle scintille dans les yeux -

Marin amoureux

REMPLIR LE VIDE

J'aurais aimé remplir
Ce vide d'un avenir
Doux et fort, sage et fou
Ici, ou je ne sais où...

J'aurais aimé écrire
Les mots pour ne pas mourir,
Juste pour désobéir
Au silence qui m'attire

J'aurais aimé parler
A ce vide insensé,
Ce perceptible rien, béant,
Se fondant dans le néant

       .../...

…/…

J'aurais aimé remplir
Le paysage de tes désirs
De sentiments, de paradis,
Et d'amour, m'évanouir…

OU ?

Où est l'origine de ton histoire ?
Dans d'autres histoires...

Où est l'histoire de ta Vie ?
Dans d'autres vies...

Où est ta Vie ?
Dans demain et Aujourd'hui...

LES LIVRES OUVERTS

Dans ce jardin de lumière
Les livres seront verts
Et les mots fleuriront
Au printemps de la passion

Dans ces rêveries légères
Les livres sont ouverts
Et les mots s'envoleront
Vers d'autres pages, d'autres raisons...

CREER,

C'est mettre son énergie

Et son imagination

Dans cet instant de réalité

SI LES MOTS...

Si les mots
Ne veulent pas chanter,
Fais-les danser,
S'ils ne savent pas danser
Dessine-les,
S'ils ne peuvent pas s'écrire,
Ni se lire, ni se dire
Alors garde-les
Garde-les dans ton cœur...
L'amour en fera un trésor...

L'équilibre

c'est deux mains déployées, s'appuyant sur le vent

ou

deux cœurs soulevant la douceur de l'instant

COMME TOI…

Ne crains pas la tempête…
Comme toi,
Elle aime la pluie et le vent

Ne crains pas la pluie
Comme toi,
Elle aime la musique et les rivières

Ne crains pas le vent
Comme moi,
Il aime ta voix et le parfum de la vie

Les mots appellent la poésie

Et la poésie les libère...

RENDEZ-VOUS

J'ai rendez-vous
Demain, savez-vous,
Mon cœur est fou,
Mon corps se dissout,
Le temps se noue
Dans le vent saoul...

J'ai rendez-vous
Avec des instants doux
Des musiques qui dénouent
Les plaisirs si flous,
Le temps traine, s'échoue,
Disparaît tout à coup...

J'ai rendez-vous
Demain, mais surtout
Que cela reste entre nous.
Ta vie sera mon rendez-vous...

FAIM DE VIVRE...

Dévorer les paysages
Dans une faim d'aventures,

Boire aux sources sages
De cet amour si pur,

Dormir sur un lit de fleurs
Et rêver de ton sourire,

Grignoter le bonheur
Et ses miettes de fou-rire...

UN

Deux regards se croisent

Deux sourirent s'échangent

Deux cœurs battent ensemble

Un amour est né…

A LA SOURCE

A la source des songes
Ton image s'allonge
Sur un lit d'herbes molles
Et la lune devient folle

A la fontaine verte
Par tes lèvres entrouvertes
L'eau pure t'éveille
Et ton corps s'émerveille

A la rivière joyeuse
Jouant les chutes radieuses
Tu plonges en riant,
Adorable, émouvant...

.../...

.../...

A la mer douce et ronde
Comme ta passion profonde,
Sois la pluie venant fondre
Sur notre amour sans ombre...

La montagne blanche

La panthère bondissante

Un flocon de rêve

LE CHANT DU TOURBILLON

Tu tournes en rond,
Joli tourbillon
Effleurant le son
De la brise qui fond
Sur monts et vallons.
La lumière se confond
D'un flux long
Sans aucune raison
Avec le fleuve blond
Coulant sur les sablons...

L'écho lui répond
Bavard et sauvageon
Que les siècles s'en vont
En piètres vagabonds ;
Tu te tournes en amont
Mêlant le diapason

                            .../...

.../...

Des notes de mon nom
A ce doux ronron...
L'espoir se fait papillon
Dans le chant du tourbillon...

Un battement d'aile
Pour un battement de cil,

Un ballon de soleil
Pour cœur si fragile,

Un balancement gracile
D'une horloge sur une île ...

Eteindre la nuit

Pour voler les étoiles

L'amour en pluie

JE T'ATTENDS

Je t'attends
Sous le ciel étoilé
Le doigt pointé
Vers la lune dorée...
Ecoute la mer s'avancer
Pour venir déposer
Sur le sable doré
Des coquillages égarés,
Ecoute bruisser
La brise dans les palmiers
Douce comme un baiser...

Je t'attends
Au milieu de mes pensées,
Dans ce rêvé volé,
Dans mes doigts enlacés
Sur ta photo usée,

.../...

…/…

Je t'attends
Assise, émerveillée,
Au soleil, esseulée,
Je t'attends
Dans ce temps évaporé
Où l'amour s'est enraciné…

La Magie de l'Amour

C'est

L'Amour…

LES PETITS MAGICIENS

Les mots
Sont de petits magiciens...
Ils s'écrivent
Ils se lisent,
Ils se devinent,
Ou s'imaginent,
Ils se racontent,
Ou se domptent...

Les mots sont là,
Et puis ailleurs,
Tout en couleur,
Et en douceur,
Parlent du vent
Du temps tout blanc,
Instant troublant
Et envoutant...

                                          .../...

…/…

Les mots
Sont les tiens
Les miens ou bien
Ceux des passants
Et des enfants
Avec des accents
Toujours charmants...
Les mots
Sont de vrais
Rêvés, réalisés,
Petits musiciens,
Et humbles magiciens...

La douleur est simple

L'incertitude est douloureuse

L'INCERTITUDE

Un "je ne sais pas" apparaît
Fixant tout à l'arrêt,
Plongeant dans l'attente
La réponse importante,
Basculant dans le doute
L'évidence en déroute...

Le souffle retenu
L'inconnu est devenu
Cet espoir absolu,
Et sur son visage ému
Par une question perdue
La vie est suspendue...

.../...

…/…

Qui es-tu toi qui penses
A cette simple évidence,
Le possible dans une main
Le bonheur d'un jour certain…
Dansons dans le charme
Et la douceur de nos âmes,
Alors s'évanouira l'incertitude
Dans cette plénitude….

La tristesse

ne mesure pas la défaite,

mais l'impuissance

à la surmonter

LA LETTRE

Le crayon ne fait pas de faute
De fausse route, de fausse note,

La page ne se cache pas dans un livre
Blanche et instinctive, elle veut vivre

Mais un livre croise ton regard
Admiratif du temps qui s'égare

Ta main prend le crayon
Le lance et l'attrape en un tourbillon

Le pose sur la grande page
Et dessine un doux paysage

.../...

…/…

Puis décalques mon nom
Pour le graver tout en rond

Tu dessines les magistrales
Courbes de tes initiales

Alors la page se replie,
Tes lèvres s'y posent, et tu souris…

Voler...

Une clochette...

Une poignée de sable...

Une étoile filante...

... ou voler un baiser...

LA LEGERETE...

C'est un rire
Accroché au soleil,
Un soupir
Qui s'étire et s'éveille,

Un somnambule
Sur un fil de lumière,
Une bulle
Scintillant dans l'air,

C'est la vie
Fraîche qui pétille,
Une musique de nuit
Si fragile,

C'est un souffle qui te pousse
Dans un bain de mousse,
Eclaboussant de bonheur
L'amour si profond de mon cœur...

La plus belle des musiques

est celle qui s'harmonise

avec ton âme...

LE MONDE DU SILENCE

Il ne connaît pas ce chant
Enchantant et émouvant,
Mais les ondulations du vent
Dans les arbres si grands,
Et le parfum des champs
Dans le printemps

Il ne connaît pas le bruit
Si doux de la pluie
Mais son ruissellement
Joyeux et transparent,
Sa fraîcheur sur son visage,
Ses odeurs dans le jardin sage...

         .../...

…/…

Il ne connaît pas de berceuse
Mais la nuit silencieuse
Où tes premiers sourires
Ont bercé son avenir,
Et le tam-tam de ton cœur
Rythmant son bonheur…

Il ne connaît pas les bruits
Mais l'éblouissement de la vie
Et les mots dans ses mains,
Deviennent magiciens,
Partageant dans son ciel
Cet amour essentiel…

… Pour Marie-Christine…

La Patience

est ce petit Rien

bien plus grand que Tout...

DANS UN COIN DE L'UNIVERS...

Dans un coin de l'Univers
Les lettres sont à l'envers
Les chiffres verticaux
Les temps horizontaux...

Cette liberté inachevée
Sur l'horizon s'est couchée
En buvant le soleil
Et les nuages du ciel...

Elle a jeté un regard
Désespéré au hasard
Et l'écho de sa prière
A disparu dans la poussière...

.../...

…/…

Combien de temps, d'océans,
Faut-il attendre dans le néant,
D'interminables silences
Emprisonnant la patience…

Dans un coin de l'Univers
L'amour est à l'envers
Et se retrouve face à face
A notre valse dans l'espace…

Un regard cherchant un sourire

c'est tout le charme

de l'incertitude….

TALISMAN

J'ai posé quelques notes
Sur le soir de l'été,
Quelques étoiles flottent
Semblant respirer...

Ton insolence vibre
Dans la magie de l'instant
Et je perds l'équilibre
Sous ton regard troublant

Je succombe au voyage
De l'accord inattendu,
Du lumineux sillage
Soufflant sur l'inconnu...

Un lac bleu gelé

Le long vol du cygne glisse

Le miroir danse

AMOUR ABSOLU

Je ne parlerai plus
Des chemins parcourus
Pour trouver un ailleurs
Ressemblant au bonheur,
Ni d'errance de la chance
Evitant l'espérance,
Comme si c'était une faute
Que le hasard soit autre...

Je ne parlerai plus
De ces rêves si nus
Doucement retenus
Entre nos bras émus,
De cette vieille photo
Tatouée sur ma peau
Usée par mon regard
Que ton regard égare...

.../...

.../...

Je ne parlerai plus
En ces mots superflus,
Ces mots fous devenus
Des étoiles suspendues
Dans mes rêves défendus.
Je ne parlerai plus
Mais mon amour absolu
T'en dira... bien plus....

Chaleur ensoleillée

Faisant chanter les cigales –

Grillon amoureux

LA NUIT ECOUTE...

La nuit écoute
Le ballet des étoiles...
La nuit se floute
Légère sous son voile...

Elle connait tous les sons
De tes rêves et passions,
Les longues ondulations
Sur ce long horizon...

La nuit écoute
La douceur qui envoute
Le sommeil interdit
Berçant ses mélodies...

.../...

…/…

La nuit écoute
Le souffle de tes soupirs,
Et tes secrets se floutent
En mille et un désirs…

Douce transparence

Ondulation du soleil

Sur la mer immense

LA MEME LANGUE

Je te dis
Quelques mots et un oui
D'un sourire sur la Vie

Tu me dis
Cette langue est jolie
A la couleur de tous les pays

Il nous dit
Parlons le même langage infini
Et ses lettres seront euphonie

Nous nous disons
D'identiques paroles à l'unisson
Parlons, écrivons, chantons... partageons

.../...

…/…

Vous nous dites
Universelles comme l'horizon,
Toutes les phrases sont des ponts

Ils nous disent
Que cette langue nous symbolise,
Réalise, égalise, éternise,
Pour que son diapason nous harmonise…

Un vent polaire

Un feu dans la cheminée

Un parfum d'orange

UNE PAGE DE SILENCE

Je t'envoie cette page
Sans ligne, sans marge,
Sans mot, ni coloriage,
Cette page où l'image
De mon cœur dans l'ombrage
Se tait, se terre, sauvage

Plus un bruit ne s'élance
De mes lèvres dans l'insouciance,
Comme cette espérance
Survit dans la confiance,
Cette fleur, avec élégance,
Parfume la patience.

.../...

…/…

Je n'écris rien sur la plage,
Immobile voyage,
La lumière suit le sillage,
L'eau glisse sur le rivage
Où mes mains font naufrage…
Je lis le silence du mirage…

Je t'envoie cette page
Pleine de mon existence,
Du reflet de ton image
Se penchant sur mon visage…
Une page de Silence
Où se pose un baiser sage…

C'est dans l'incertitude

Que l'on cherche la lumière

Et dans la certitude

Que le jour sait se taire…

INSTANT PARFUM

Dans la transparence de l'instant
Je marche doucement
Entre la fraîcheur chahutée
D'un matin velouté,
Et les rayons soyeux
D'un soleil amoureux...

Les fleurs et les effluves
Me captivent, confuse,
Surprise et sublimée
Dans cet accord parfait,
A croire que dans l'air
Les mots deviennent solaires

.../...

…/…

Dans la transparence du temps,
De son souffle envoutant,
Mon corps devient la muse
Et l'irrésistible excuse
D'un parfum lumineux

Jour ensoleillé

parcourant les chemins

Amour éternel

BRUME

Dans ce matin d'hiver
Le brouillard s'égare
Entre un chemin d'hier
Et un demain... quelque part...

Dans ce matin d'hier
Le miroir laisse voir
Un visage de lumière
Se figeant dans sa mémoire...

Les étoiles ont gelé
Figé, cristallisé
Le souffle de la lune
Roulant au pied des dunes

.../...

.../...

L'amour s'est lové
Captivé, embrasé
Sous le souffle de la brume
Flottant comme une plume...

Nuit de pleine lune

Course aux étoiles filantes

Luciole amusée